PHILIPPE GELUCK

LE CHAT

UN BON
ÉDITEUR
EST UN
ÉDITEUR
QUI MÉDITE

Librio

Pour Dany, ma femme

Du même auteur

Le Retour du Chat
La Vengeance du Chat
Le Quatrième Chat
Le Chat au Congo
Ma Langue au Chat
Le Chat à Malibu
Le Chat 1999, 9999
L'Avenir du Chat
Le Chat est Content
L'Affaire le Chat
Et vous, chat va ?
Le Meilleur du Chat
L'Excellent du Chat
Le Succulent du Chat
Entrechats
Un Peu de Tout
Made in Belgium
Le Petit Roger
Le Docteur G répond à vos questions
Le Docteur G fait le point
Cher Docteur G

www.geluck.com

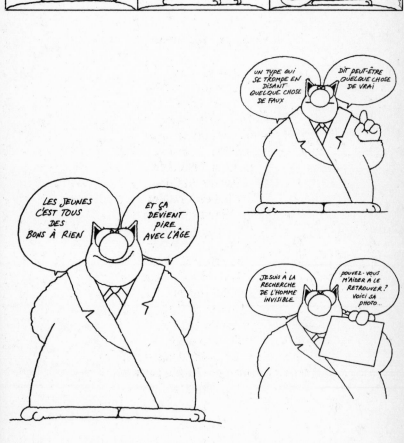

4

5

7

9

10

11

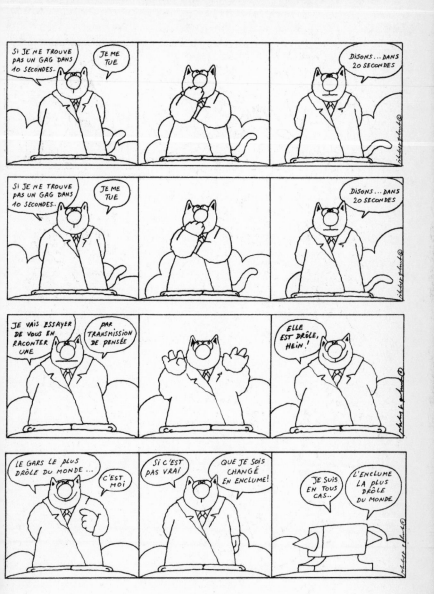

13

14

15

16

DEPUIS QU'ON CALCULE LES TEMPS OLYMPIQUES EN MILLIÈMES DE SECONDES

UN TYPE QUI A UN GRAND NEZ A PLUS DE CHANCES QUE LES AUTRES

LES ÉTRUSQUES ONT INVENTÉ UN SYSTÈME GÉNIAL POUR SAVOIR LE TEMPS QU'IL A FAIT: LE MATIN, ILS PLAÇAIENT UN VASE DEVANT CHEZ EUX

SI LE SOIR... LE VASE ÉTAIT VIDE, C'EST QU'IL AVAIT FAIT BEAU S'IL Y AVAIT DE L'EAU DEDANS, C'EST QU'IL AVAIT PLU ET SI LE VASE N'ÉTAIT PLUS LÀ, C'EST QU'ON LE LEUR AVAIT PIQUÉ

CHEZ MOI... QUAND LE CHAT EST PARTI,

LES SOURIS NE DANSENT PAS

PARCE QUE LE CHAT,... QUAND IL PART,

IL FERME L'ARMOIRE DU PICK-UP À CLÉ

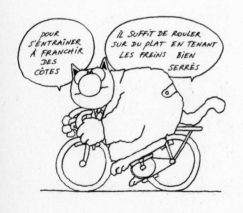

22

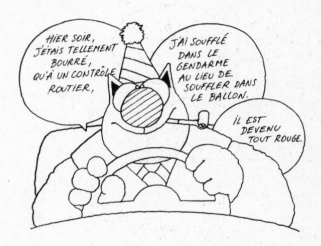

24

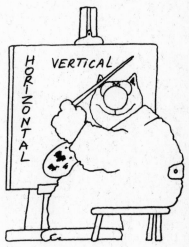

29

36

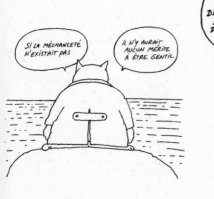

37

38

41

43

Achevé d'imprimer en Europe à Pössneck (Thuringe, Allemagne)
en avril 2004 pour le compte de E.J.L., 84, rue de Grenelle, 75007 Paris
Dépôt légal avril 2004
Diffusion France et étranger : Flammarion